Fabriquer du compost sans se prendre la tête

Le processus du compost

Pourquoi fabriquer du compost maison ?

On peut l'acheter et c'est vrai, on a le choix ! Du très riche vermicompost au terreau, en passant par les composts algues et fumier que peu de jardiniers peuvent fabriquer. Mais à l'heure où la facture des taxes locales explose, fabriquer du compost est non seulement une bonne affaire, mais un geste d'avenir pour la planète.

Ménager la planète et alléger la facture déchets

Fabriquer du compost est à la portée de n'importe quel jardinier. Le compost maison est gratuit (l'achat d'un silo n'est pas nécessaire) et il ne nécessite que 2 ou 3 heures pour élaborer le mélange approprié.

Un adulte français jette près de 400 kg de déchets ménagers par an. En zone pavillonnaire, voire à la campagne, le poids moyen de déchets verts jetés varie de 100 à 120 kg par personne et par an ! Soit un total de 6,8 millions de tonnes de déchets de cuisine, auxquels s'ajoutent 5,9 tonnes de déchets verts (18 % des dépôts en déchetterie) transformables en compost nourricier pour des terres agricoles dont la fertilité baisse à vive allure… faute de matière organique.

La plupart de ces déchets sont incinérés. Un tiers environ produit de l'énergie, parfois dans des conditions discutables (usines de méthanisation). Les déchets verts constituent en moyenne 18 % du volume déposé en déchetterie. Mais les choses changent, et depuis 2014, le nouveau plan de prévention des déchets met l'accent sur le compostage. Il serait temps, la facture (10 milliards d'euros) a globalement triplé depuis 1990, voire davantage, dans les collectivités qui ont adopté la collecte « badgée » par des sous-traitants gourmands. Transformer cette gabegie en compost nourricier n'est pas sorcier, c'est à la portée du premier jardinier venu. Alors faisons des économies ! En silence et en douceur, avec le concours d'une foule de petites bêtes… qui rendent le jardinier de plus en plus curieux. Bref, pas bête, et même très astucieux !

Le voyage du samedi à la déchetterie, une coûteuse corvée !

Composter, c'est mélanger des déchets le plus fractionnés possible. Si l'on se contente d'empiler des déchets comme ici, le compostage s'opère mais sur un an environ, alors qu'en mélangeant, le processus ne demande que 3 mois en été, 6 à l'automne.

À SAVOIR

→ Le compost : un cycle permanent

On peut alimenter le tas de compost toute l'année, mais la nature s'accorde avec les jardiniers pressés : deux saisons de choix pour pratiquer cette gymnastique nutritive, le printemps et l'automne. Deux saisons de préparatifs et de projets : ameublir le terrain, semer, planter, tailler, tondre sont d'actualité. Donc deux saisons d'abondance en « déchets » verts qui, mêlés à la poubelle de la cuisine, vont produire un compost de chef. Maison, donc, gratis et tranquillement.
Comptez 3-4 mois pour la maturation d'un compost empilé au printemps, 6-7 mois pour un compost empilé en automne. Vous êtes impatient ? Il vous faudra deux cases pour transvaser le contenu de l'une dans l'autre et accélérer le processus. Cela vous paraît contraignant ? Compostez sur place ou bien, encore mieux, ayez deux poulettes, et vous n'aurez même pas besoin de vous soucier de remuer cette petite fabrique d'humus, elles s'en chargeront, le doperont avec leur litière, et vous gâteront en prime en œufs frais incomparables !

Le compost rend le sol fertile et vivant pour longtemps

Composter, c'est imiter un processus naturel où les feuilles tombées, le bois et les organismes morts contribuent à se transformer à fabriquer l'humus, clé de la fertilité du sol.

La culture des plantes, quelles qu'elles soient, potagères ou ornementales, revient à prélever des éléments nutritifs dans le sol. On estime de 90 à 300 g la matière organique consommée par mètre carré cultivé et par an. Fabriquer du compost est une manière de la restituer à la terre. Pour cela, il n'est ni nécessaire d'acheter un silo, ni d'empiler des déchets durant des mois. Le paillage, le compostage sur place, la culture en buttes sont des techniques simples et très efficaces pour rendre un sol vivant et entretenir sa fertilité.

Armillaire couleur de miel : la forme aérienne de ce champignon souterrain apparaît à l'automne. Il dégrade le bois, mort — ou vif, hélas.

Moisissures : des champignons s'activant à dégrader du gazon coupé.

À l'ombre des arbres, couvert sous une couche de paille, ce tas de compost mûrit bien mieux que ses collègues en silo de plastique… pas franchement écologique !

À SAVOIR

➜ Copier la nature

Une petite promenade au pied des arbres illustre bien ce processus. Les feuilles mortes tapissent le sol, puis se décomposent en un méli-mélo gris beige fleurant le champignon. Il suffit de gratter 5-6 cm de ce hachis grisonnant pour remarquer des filaments blancs, du mycélium, indiquant que des champignons sont à l'œuvre, libérant les minéraux qu'il contient et les rendant assimilables par les plantes. Grattons encore un peu, et l'on parvient à une couche brune et grumeleuse, humide même par temps sec et fleurant le sous-bois. Souvent s'en échappent des cloportes, de menus vers roses affolés par la lumière, les eisénias très appréciés des fabricants de vermicompost. Ils sont la partie visible d'un monde secret fourmillant de vie qui s'active à poursuivre le processus de transformation des feuilles en humus nourrissant. Maintenant, examinons un tas de compost, même jeté en vrac au petit bonheur comme c'est souvent le cas ! S'il a été couvert par une bonne couche de végétaux ou par une bâche poreuse, le même processus s'enclenche, et dans le quart inférieur du tas, vous observez les mêmes phénomènes et récoltez la même substance noire et suavement odorante qu'en forêt.

Acheter un bon compost, une loterie

Non bio, les composts peuvent altérer la croissance des plantes et polluer le sol à cause des pesticides contenus dans les pailles et bois broyés. Bio, ils ne sont hélas pas tous irréprochables.

Ces petites laitues qui peinent à pousser dans du mauvais compost ne donneront rien.

Non bio, le compost peut être composé de pailles traitées à l'herbicide qui perturbent la croissance des légumes. Courges et tomates fleurissent mais ne donnent aucun fruit. Ceux contenant des bois traités perturbent la germination et le démarrage des plantes, or, tous les légumes doivent démarrer cash pour tenir leur promesse.
Alors acheter du compost bio ? C'est mieux, bien que l'expérience, hélas, montre que l'on ne peut pas toujours se fier à l'étiquette « Utilisable en agriculture biologique ». Il nous est arrivé d'acheter du terreau ainsi labellisé, si médiocre qu'aucun des semis effectué dedans n'a réussi. Il peut même arriver que le sac sitôt ouvert empeste le bois traité ! Un indice de pollution qui mérite un remboursement immédiat et non négociable. Le plus souvent, le compost, ou le terreau, aura bonne allure, mais la mauvaise surprise pourra survenir plus tard. Trop tard pour se faire rembourser le mauvais sac et les plantes remplacées. Ces déboires ne sont pas la norme mais peuvent survenir, quel que soit le distributeur. Il suffit parfois que le compost soit mal stocké pour perdre toute sa valeur. Les composts à base de déchets verts sont eux aussi très inégaux. Le top : le lombricompost, un condensé d'éléments fertilisants.

VOIR VIDÉO
Pourquoi faire du compost maison ?

Un sac d'excellent compost ou terreau peut perdre toutes ses qualités s'il est mal conservé par le commerçant. La vente de ces produits vivants devrait être encadrée par une prescription de stockage au frais et une date limite d'usage.

À SAVOIR

→ Compost, lombricompost, terreau ?

Le compost est le résultat de la transformation de déchets organiques végétaux et/ou animaux, stockés en masse d'au moins 0,5 m^3 durant 3 à 6 mois, à l'ombre et abrités sous une bâche ou une épaisse litière (15-20 cm).

Composé pour un tiers de fumier de cheval, il peut alors titrer :

Le lombricompost est une sorte de compost à base de déchets ménagers décomposés, non pas par des lombrics, mais par de fins vers roses ou Eisénias. Il serait plus approprié de parler de « vermicompost ». C'est un produit riche titrant environ 2 % d'azote, 1,5 % de phosphore, 0,7 % de potasse.

On emploie les composts pour la plantation des arbres, des arbustes, des vivaces et des légumes exigeants comme les rosiers, les pivoines, les choux, les tomates. On l'utilise aussi pour rempoter les agrumes.

Le terreau est un compost consommé comme on le disait si bien naguère. Entendez un compost de 6 à 9 mois d'âge. Il peut aussi être simplement issu de la décomposition de feuilles mortes tendres comme celles du tilleul, du noisetier. On l'utilise pour les semis et le rempotage des plantes d'appartement et des fleurs peu gourmandes (pélargoniums, fuchsias, pétunias…).

Avec quoi faire du compost ?

Si vous achetez un minimum de produits emballés, vous découvrirez que la poubelle de la maison se transforme en compost ! Au passage, vous allégerez votre budget alimentation d'un bon 40 %. Compostez aussi tout ce qui vous embarrasse au jardin, et vous serez un citoyen modèle et un jardinier comblé. Car le compost est un véritable miracle pour transformer le sol le plus ingrat en paradis terrestre !

Faux amis et faux ennemis

Petit tour des idées reçues et des légendes contemporaines sur ce qui se composte ou pas. À vrai dire, tout se composte sauf le plastique.

LE PLASTIQUE BIODÉGRADABLE

Sachets ou plastiques de jardin dits biodégradables ne le sont pas tous. Seuls ceux dits « compostables » se transforment réellement en quelques mois en eau, dioxyde de carbone et biomasse. Malheureusement, d'autres, abusivement nommés biodégradables, les « oxo-dégradables », se décomposent en particules sous l'effet de la lumière tandis que les « fragmentables » le font avec le concours de l'humidité, de la chaleur ou du gel. Ces leurres s'éparpillent en myriades de particules exaspérantes car aussi insaisissables qu'indestructibles, polluant pour des décennies le jardin qui a le malheur de les incorporer à sa terre.

RATS ET MULOTS

Non, les rats n'envahissent pas le compost. S'ils le font, c'est qu'ils étaient déjà dans le quartier et que vous avez préféré ne pas voir par exemple les gros terriers désordonnés de l'affreux surmulot. Si les rats sont là, il n'est même pas certain qu'ils élisent domicile dans le compost. À titre préventif, vous pouvez opter pour le silo fermé ou en palettes doublées de grillage, un vrai chantier.
Le gracieux mulot, en revanche, élit volontiers domicile dans le compost tiède. Parfois, dès la fin de l'édification du mélange, il s'affaire à déchiqueter un gros paquet de feuilles en boule souple… contribuant ainsi à accélérer le processus.

À SAVOIR
→ À la poubelle… du supermarché !

Jetez un maximum d'emballages dans la poubelle du supermarché. C'est la meilleure manière d'encourager les distributeurs à les réduire et une prometteuse contribution à la diminution du fardeau des taxes locales, car le coût de leur incinération est astronomique.

Ce sac plastique oxo-dégradable se fractionne en mini particules, il ne se dégrade pas en matière organique fertilisante.

Dans la poubelle de la cuisine, tout se composte sauf les emballages. Au rythme du jardinier, qui peut empiler les déchets comme ils viennent et ne les mélanger que quand il en trouve le temps ou simplement attendre que la nature travaille à sa place.

À SAVOIR

→ Litière d'animaux domestiques, attention !

Si l'argile qui compose la plupart des litières du commerce peut vous tenter pour étoffer le compost destiné à un sol sableux, ce n'est pas une bonne idée. Beaucoup de chats et de chiens hébergent des parasites. Les ascaris par exemple peuvent se multiplier à votre insu et pour détruire leurs œufs, il faut un compost qui atteigne 65 °C et conserve cette température plusieurs semaines.
Une performance réservée aux composteurs appliqués.

Composter la poubelle de la maison

Un adulte jette en moyenne 150 à 200 kg d'épluchures par an, le reste de sa poubelle étant principalement constitué d'emballages… peu ou non recyclés. En France, on recycle seulement 37 % de déchets ménagers, contre 63 % en Allemagne et 62 % en Autriche.

Bonne nouvelle : moins vous achetez d'emballages, plus vous économisez ! 30 % d'emballages en moins, c'est 40 % d'économies sur le budget alimentation. Meilleure nouvelle encore : plus vous cuisinez, plus le contenu de votre poubelle peut être valorisé en compost nutritif pour le jardin. Si vous cuisinez ce que vous cultivez, vous êtes prêt à devenir le champion d'une économie bonne pour la planète !

CE QUI VA AU COMPOST

Toutes les épluchures, les restes de cuisine, les cendres de bois. Vous ne mangez pas bio ? On vous a dit que les bananes et les oranges « ne se jettent pas au compost » pour cause de pesticides. Sachez que beaucoup d'entre eux ne résistent pas à un compostage réussi. Vous en doutez ? Pensez-vous que l'eau de pluie soit indemne de résidus chimiques ? Que nenni ! D'après le site officiel eaufrance.fr : « À cause de la pollution de l'air, l'eau de pluie contient, avant de toucher le sol et en plus ou moins grande quantité, des sulfates, du sodium, du calcium, de l'ammonium, et même des nitrates et des pesticides. L'eau récupérée par ruissellement, notamment dans les zones urbaines où elle est appelée *eau pluviale*, se charge en outre de particules solides, de matières organiques, et surtout de polluants métalliques, notamment de plomb et de zinc (issus des toitures). » Donc, compostons la poubelle de la cuisine.

En éliminant un maximum d'emballages, on fait beaucoup d'économies !

Jetés dans le barbecue après les grillades, os et coquillages se réduisent en cendres.

Saupoudrez les cendres sur les paillages ou sur chaque couche de compost de 30 cm d'épaisseur.

CE QUI RÉSISTE AU COMPOSTAGE

Les os, les coques (noix, amandes, etc.) et les coquillages. On les retrouve blêmes et quasi intacts après des années de séjour dans la terre.

LA SOLUTION : jetez-les dans le barbecue quand les brochettes sont terminées ou dans le poêle. Réduits en cendres, voilà un excellent adjuvant du compost ! Les cendres enrichissent en effet le compost en chaux, un élément précieux pour équilibrer un mélange dominé par les déchets verts.

DOUCEMENT AVEC LES CENDRES !

Très calcaires (c'est principalement de la chaux), leur richesse en potassium (10-30 %) et en phosphore (3-10 %) les rend précieuses pour la culture des pommes de terre, des oignons, et en général des légumes racines et des fruitiers. Mais elles aggravent le blocage des éléments fertilisants en sol calcaire, et tendent à cimenter les terres lourdes si l'on dépasse la dose d'une poignée par m^2. Elles contribuent à la maturation du compost en saupoudrage, à raison de deux poignées en surface pour 0,80 m^2, toutes les deux couches de déchets (soit, tous les 40 cm d'épaisseur, une couche mesurant en moyenne 20 cm de haut).

LA SOLUTION : en saupoudrer les paillis de branchages ou de fougères, à raison d'une poignée par m^2, deux poignées en sol acide, une demi en sol calcaire.

VOIR VIDÉO
Que mettre au compost ?

Composter les déchets du jardin

Mottes d'herbe, branches, gazon, restes de culture peuvent tous se transformer en humus nourricier. Le jardinier ne devrait jamais les considérer comme des « déchets verts », mais comme une ressource formidable. Les composter sur place est un jeu d'enfant.

Pour éliminer germes et parasites des fruits tombés, jetez-les dans les braises d'un barbecue de jardin.

CE QUI RÉSISTE AU COMPOSTAGE

Normalement, rien ! Mais si vous êtes du genre à empiler un tas en vrac sans plus vous en soucier, attention, certains végétaux font de la résistance :

- **Les racines de vivaces** (chiendent, lierre, liseron, oseille, ortie…) sont capables de profiter de la situation pour redémarrer en flèche.
- **Les plantes montées en graine** (amarante, capucine, liseron, morelle, sétaire, souci…) peuvent coloniser tous les endroits du jardin où vous emploierez le compost ainsi récolté en mode paresseux.

LA SOLUTION : jetez tout ça dans un récipient plein d'eau, fermez le couvercle et laissez macérer 15 jours. Voilà un cocktail excellent pour arroser le compost et le doper en éléments condensés dans ces plantes, sans risques de conséquences fâcheuses !

- **Les fruits pourris ou malades.** Si vous n'êtes pas sûr que la température du tas va atteindre au moins 50 °C, faites un barbecue de jardin, et jetez-les dans le feu après les brochettes. Le truc à éviter : passer la tondeuse dans les pommes pourries, ou les passer dans un broyeur de jardin. Une expérience « explosive » qui ne va pas forcément détruire le malin champignon qui a fait pourrir tomates ou pommes.

VOIR VIDÉO
Les déchets verts

LE CAS (DIFFICILE) DU GAZON

Se débarrasser des tontes de gazon est le souci n° 1 du jardinier à la belle saison.
Et le voilà aux prises avec un compost soudain devenu rebelle, puant, gluant, bref, repoussant !
Composter du gazon requiert en effet de le mélanger à son volume de sec… chose pas toujours facile à trouver dans un petit jardin à la saison où le gazon abonde. La paille, la litière des poules, les tiges de vivaces défleuries, les branchettes de la haie, elle aussi régulièrement taillée, sont une ressource en matériaux secs à explorer.

LA SOLUTION : utiliser le gazon en couverture de 5 à 10 cm d'épaisseur pour pailler vivaces, choux, tomates, aubergines, poivrons ; 5 cm d'épaisseur pour les pommes de terre, un semis clair parmi les échalotes, oignons, jeunes plants et les vivaces à feuillage gris.

À SAVOIR
→ Les bons gestes

- Videz directement le bac de la tondeuse entre les plantes, inutile de le faire sécher comme on le recommande partout.
- Passez la tondeuse sur la pelouse tapissée de feuilles mortes par beau temps sec en novembre ou décembre, cela la débarrasse de son étouffant tapis et constitue un mélange parfait, pour le compost comme pour la protection des plantes gélives.
- Au printemps, l'herbe fauchée à la débroussailleuse, plus grossière que le gazon tondu, et mêlée de plantes fleuries, donne un mélange plus aéré, plus facile à composter, mais franchement, en paillage, en couverture, l'herbe fraîche, c'est parfait. Inutile donc de s'escrimer à en faire du compost, votre poubelle déborde déjà d'éléments humides.

Les branchages et leurs usages

Tous les branchages ont leurs usages. De grâce, allégeons les déchetteries de ces déchets verts qui coûtent une fortune à recycler et surchargent la facture des taxes locales.

▸ **Les branches de pin et de sapin** sont excellentes pour pailler les fraisiers et toutes les plantes de sols acides comme les rhododendrons.

▸ **Les branches d'if, de cyprès de Leyland, de thuya** sont soit à laisser au pied de la haie, soit à répandre dans les allées où l'on souhaite empêcher une invasion de vivaces tenaces comme le lierre, les renoncules, le liseron… Leur teneur en thuyone aurait des effets désastreux sur la croissance des plantes auxquelles le compost qui en contiendrait serait distribué. Cet accident survient d'ailleurs parfois avec les composts de déchets verts mal distribués par certains fabricants.

▸ **Les branches de feuillus coupées** font d'excellentes couvertures du tas de compost et du potager en attente de cultures ou récolté, elles protègent aussi efficacement les plantes gélives des grands froids. Les feuilles tombées se transforment doucement et silencieusement en humus nourrissant. Sans bruit et gratis. Comme dans la forêt. Les rameaux secs restants sont de parfaits allume-feu écologiques.

Le bonus : les haies taillées à l'automne repoussent moins vite que celles taillées au printemps et leurs branchages fabriquent un sol fondant fleurant bon la forêt au printemps suivant.

VOIR VIDÉO
Comment tirer parti des branchages ?

À SAVOIR

→ Bois traité, attention !

Cadres de jardins en carré, piquets, clôtures et bordurettes en pin verdâtre laissent des déchets non compostables pour un jardinier ordinaire. Car si le compost est capable de digérer bien des produits chimiques, c'est hélas au terme d'un processus plus complexe que celui mis en œuvre au jardin. La solution : acheter planches et piquets en bois non traité en jardinerie rurale ou dans les scieries, directement. C'est au passage aussi beaucoup plus économique !

*L'*Eleagnus ebbingei *est un excellent paillage à utiliser tel quel. Tenter de le réduire en copeaux avec un broyeur électrique est une (éprouvante) absurdité qui aboutit à alourdir la déchetterie avec cet appareil fragile.*

À SAVOIR

→ Broyer les branchages : oui, mais avec un gros broyeur !

Broyer les rameaux fraîchement taillés passe pour une panacée. Certes, c'est un geste qui permet de fabriquer un excellent paillage avec ce que trop de citoyens considèrent comme des déchets verts, mais le broyage est fastidieux avec les petits appareils électriques courants. Peu puissants, ils calent sur les branches de plus d'1 cm et refusent d'absorber les biscornues. Ils sont aussi bruyants, assez chers (500 €) et très fragiles, enfin, ils n'effilent pas les longs copeaux requis pour fabriquer du bon broyat à la manière du fameux BRF (bois raméal fragmenté en québécois). Pour récolter un broyat de qualité vite fait, il est conseillé d'utiliser un appareil professionnel à essence, plus cher (au moins 1 200 €) et super-bruyant. Certaines communes en louent et beaucoup de paysagistes proposent ce service à domicile. C'est la meilleure solution, car ce service, considéré comme un emploi familial, bénéficie d'un crédit d'impôt.

Fabriquer du compost : 3 méthodes aux choix

Pas la peine d'investir dans un silo coûteux, ni de vous astreindre à une gymnastique pénible, on peut faire du compost sans se fatiguer, en simplifiant au maximum les manipulations, et avec ce que l'on a sous la main !

Les outils indispensables

Le compost est à distribuer en fonction des besoins des plantes, de préférence au printemps. Pour faciliter sa fabrication puis sa distribution, quelques outils sont utiles.

À SAVOIR

➜ Combien de compost pour quel jardin ?

Si vous n'avez que des plantes en pots, comptez un rempotage annuel, soit environ le tiers du volume de chaque pot en compost mûr.

En pleine terre au semis ou à la plantation :

- 4 l de compost mûr par jeune plant d'arbuste, rosier ou arbre.
- 3 l par plant d'asperge, rhubarbe, raifort.
- 2 l par plant d'artichaut, aubergine, chou, pivoine, poivron, tomate et par mètre de bette, betterave, céleri, chicorée, épinard.
- 1 l par plant de concombre, courge, melon ou plante vivace.

En pleine terre, en entretien printanier annuel (à incorporer au sol par un griffage) :

- 4 l pour les arbres.
- 3 l pour les arbustes, les rosiers.
- 1 l pour les vivaces.

LA PANOPLIE DU COMPOSTEUR

On trouve d'excellents outils ergonomiques en jardinerie. Ils réduisent à presque rien l'effort du composteur actif.

▸ Trois outils indispensables :

- **La fourche à compost**, pour réunir les branchages, répartit les mottes d'herbe, aérer le tas de compost.
- **La pelle-bêche** en alu, extra-légère, pointue et coupante, pour recueillir le compost mûr, saupoudrer des cendres ou de la litière.
- **La brouette en plastique** d'une irréelle légèreté, super-maniable.

▸ Deux accessoires utiles :

- **La griffe à dents plates** pour décoller les mottes d'herbe, ameublir du même trait le sol fondant d'un jardin paillé en permanence et récolter le compost mûr à la base du silo.
- **Le seau avec couvercle** pour mettre les racines non compostables directement à macérer.

Griffe à dents plates.

Seau avec couvercle.

Brouette en plastique : légère et maniable.

Fourche à compost : à longues dents fines.

Pelle-bêche pointue : choisissez-la avec un manche à poignée à votre taille pour recueillir le compost mûr, saupoudrer des cendres…

Petite pelle à terreau.
Pour recueillir le terreau mûr.
Très utile pour les rempotages.

Composter sur place, la méthode paresseux

C'est la méthode la plus simple et la plus souple. Le compostage sur place est la plus vraie et la plus simple imitation de ce qui se passe dans la nature.

AVANTAGES

On entretient le sol vivant en permanence selon ce que l'on a sous la main et son emploi du temps.
Le compostage est à géométrie variable : à petite quantité de déchets, petite surface en compostage.
À grande quantité, édification d'une butte et mise en culture immédiate !
Les manipulations sont réduites au minimum : on laisse sur place les épluchures de légumes sitôt récoltés, on couvre, et la nature se charge du reste.
Avec les branchages : zéro broyage, donc pas de vacarme, de l'humus qui se fabrique tout seul et en prime une provision de branchettes sèches allume-feu.
C'est la meilleure manière de recycler les tontes de gazon, en couverture des déchets.
Les sentiers du potager redeviennent meubles sans effort si on les convertit en compost de surface dès qu'ils n'ont plus d'usage.

Inutile de broyer les rameaux taillés, les feuilles tombent naturellement en l'espace d'un mois et se transforment en humus.

INCONVÉNIENTS

Il faut avoir de quoi couvrir les déchets, en particulier la poubelle de la cuisine ! Sinon, le processus de compostage ne s'enclenche pas et le jardin ressemble à une décharge sauvage. **La couverture des déchets est indispensable,** surtout par temps sec, sinon le compostage peine à s'effectuer et demandera de l'arrosage, ce qui réduit beaucoup son intérêt pour le jardinier en quête d'une méthode sans corvée.
Répandre des branchages tels quels et les laisser sur place plusieurs mois donne un aspect hirsute assez inhabituel au jardin. On peut prévoir quelques piques du voisinage, et les recycler en retournant la situation : quand vous expliquez au voisin que non seulement pour vous la fabrication n'est plus une corvée, mais qu'en plus vous n'avez même plus

Simplement répandus en couche épaisse sur le sol au moment de la taille des haies en automne, les branchages l'enrichissent de leur feuillage, le protègent contre le lessivage et vous le rendent si meuble au printemps qu'un griffage suffit pour l'ensemencer.

besoin de bêcher, il y a de fortes chances pour qu'il essaie votre épatante méthode et en parle à ses copains !

TROIS VERSIONS POSSIBLES

❶ Le paillage permanent, ou saisonnier

C'est la solution idéale pour utiliser avec profit les tontes de gazon et les feuilles mortes.
Durant la tonte, on verse directement le bac rempli d'herbe fraîche entre les plantes de manière à tapisser le sol sous 5 à 10 cm de tontes. Les choux, tomates, aubergines, piments, les jeunes arbustes raffolent de ce paillis épais et frais, et contrairement à ce qu'on lit partout, il n'est pas nécessaire de faire sécher le gazon avant de l'utiliser ! Seules quelques Méditerranéennes à feuillage gris, les oignons, l'ail, les échalotes exigent qu'on l'emploie en couche fine (2-3 cm).
Pailler, c'est entretenir un sol vivant. Trois ans suffisent pour observer une amélioration spectaculaire des terrains les plus difficiles.
Attention ! Cette bonne affaire est déconseillée en hiver en cas d'invasion de campagnols, qui y trouveraient gîte et couvert… mais si vous avez un superchat chasseur, au contraire, le paillis hivernal résoudra le problème car Grosronron va vite repérer le bon plan !

2 Le compostage rapide

À n'importe quel moment de l'année, on répand les déchets sur le sol à fertiliser, en couche de 20 à 50 cm, on recouvre et on laisse faire la nature.

Par exemple : Pas beaucoup de déchets, juste un peu de mottes d'herbe, des restes de récolte, du gazon ? On en garnit un sentier du potager dont on n'a plus l'usage après les récoltes adjacentes en les étalant sur sa largeur et sur une épaisseur de 20-30 cm, on recouvre — avec du carton, des branchages récupérés après la taille de la haie, du gazon, des fougères, des feuilles de consoude, des tiges de grandes vivaces et c'est parti !

Un conseil : si vous avez du carton, débarrassez-le de son scotch (c'est du plastique) et étalez-le sur le sol avant d'étaler les déchets. Il attire les eisénias, grands artisans de la transformation des déchets organiques en compost.

VOIR VIDÉO Composter sur place

Composter les mottes d'herbe en les couvrant d'un carton dissimulé sous 10 cm de gazon sur les sentiers les transforme en terre fertile en moins de 3 mois à la belle saison, 6 mois en hiver.

Haricots, tomates, concombres, choux, prospèrent sur un tas de mottes d'herbes empilées en mars-avril. L'automne venu, vous obtenez une butte de terreau propice à la culture des salades d'hiver.

❸ La culture en butte

Même procédé optimisé. Au printemps, par temps humide, on empile des mottes d'herbe, la poubelle de la cuisine sur 50 cm d'épaisseur et 70 cm de large. On recouvre d'un carton, puis de 10 cm de gazon… On laisse bien détremper par les pluies puis on plante direct dans cette butte concombres, piments, aubergines, choux, tomates, dahlias, lis qui deviennent opulents moyennant très peu d'arrosage car le processus du compostage entretient une humidité élevée au cœur de la butte.

L'année suivante, carottes, navets, pommes de terre prospèreront très bien sur cette butte.

Composter en tas sans silo : composts itinérants et grand format

Le jardinier un brin esthète refuse en général d'introduire dans son jardin un objet aussi laid qu'un silo. Car, qu'il soit en plastique recyclé ou en bois recyclant des travailleurs en panne de boulot, le silo à compost est rarement pimpant.

Les bricoleurs se déchaînent en un déluge de palettes disparates ou en petits enclos atroces avec la bonne excuse que la récup', c'est du recyclage, de l'économie circulaire optimisée… mais les composteurs en tas libres ont souvent du mal à éviter le côté « gros tas hirsute », il faut bien le reconnaître !

AVANTAGES

- C'est plus facile d'adapter sa taille à la quantité d'éléments disponibles quand on en a beaucoup.
- Composter sans silo permet d'adapter la taille du tas aux changements de situation : il montera plus vite pendant les vacances avec l'afflux des visiteurs, plus lentement à d'autres périodes.
- Composter sans silo permet d'installer sans préparatifs le tas de compost dans un endroit ingrat pour le fertiliser durablement, avant par exemple la plantation d'un arbre à qui l'on veut assurer un démarrage spectaculaire.
- On démarre le tas à même le sol : cela favorise l'arrivée vers de terre et des micro-organismes transformateurs. Pas la peine de bêcher : ils viendront tout seuls, et ne vous en faites

Ce tas informe inocule une foule de micro-organismes qui transforment le sol le plus ingrat en terre fertile en 3 mois.

L'idéal du composteur, c'est un tas d'1 m³ tapissé de 20 cm de feuilles mortes. Quand le compost est mûr, son volume a réduit des deux tiers.

pas pour l'herbe, elle va périr toute seule une fois submergée.

INCONVÉNIENTS

- Il faut composter en grand format, sinon c'est un peu galère. On garde en tête que, plus le tas atteint vite la hauteur de 70-80 cm, plus vite il se transforme en en beau et fin compost sombre fleurant bon la forêt. Pas évident à édifier sans une petite clôture pour maintenir les côtés quand on ne fait qu'un petit compost pour deux convives déjeunant toute la semaine à la cantine ! Donc à privilégier plutôt quand on a beaucoup à composter. Taille minimale conseillée : 1 m de côté.
- On le couvre avec quelque chose de joli (30 cm de fougère ou de feuilles mortes), ou au moins d'homogène. Éviter l'horrible bâche en plastique bleu qui se délite au premier coup de soleil en filaments que vous passerez le restant de votre vie à pourchasser.

Composter en silo

C'est la solution préférée du citadin, du jardinier solitaire ou en duo qui pense qu'il va permettre de fabriquer du compost sans se casser la tête. Il est possible d'acheter un silo dans le commerce, mais il est préférable de le fabriquer soi-même sur mesures et le placer près d'une allée et de préférence à mi-ombre.

ACHETER LE SILO IDÉAL

Il est adapté à vos besoins, c'est-à-dire au volume de déchets que vous avez sous la main et dispose d'une trapette amovible facile à manipuler à sa base pour recueillir le compost mûr à point. Préférez-le en bois, non traité.
Aujourd'hui, on en trouve facilement en Douglas, un bois bon marché et plus durable que le pin. Vous en trouverez de très jolis et très pratiques construits par des ateliers de menuiserie locaux, comme ATAO à Nantes.

Préférez un composteur en bois avec des charnières en métal, car le plastique est fragile.

QUELLE DIMENSION POUR QUELS BESOINS ?

80 cm de haut et de large, c'est la bonne proportion pour fabriquer un compost mûr en 3 mois durant l'été, 6 mois de l'automne à l'hiver. Sa longueur variera selon votre mode de vie.
Par exemple :
- si vous prenez tous vos repas à la maison, si vous cultivez un potager assurant l'autonomie en légumes du foyer, il vous faut une case partagée en deux de 1 m de long
- si vous êtes deux dans la même situation, comptez 1,50 m de long
- si vous êtes trois adultes,

Le composteur idéal a un couvercle et une trappe d'ouverture pour en extraire le contenu vers le bas.

ou un couple avec deux enfants dans la même situation, comptez 2 m de long - si vous êtes deux, mais prenez vos repas à l'extérieur la plupart du temps, 1 m de long c'est suffisant, 1,50 m si vous êtes trois. Dans tous les cas, prévoyez deux cases, c'est-à-dire séparez votre silo en deux.

DEUX CASES POUR LE CONFORT

Si vous n'avez pas beaucoup de déchets, si vous n'êtes pas super-motivé par l'art du compostage, deux cases vous permettent d'empiler ce qui vient en vrac, au fur et à mesure. Et quand la case numéro 1 est pleine : on prend la fourche, on sort l'arrosoir, et en route pour un mélange qui va démarrer cash pour vous fabriquer un super-compost.

AVANTAGES

Le silo empile une masse propice pour lancer le processus de compostage (minimum 50 x 70 cm)... à condition qu'il soit bien conçu, c'est-à-dire ouvrable de plusieurs côtés et à plusieurs niveaux sans manipulations hasardeuses. En bois, il peut être assez joli et donc cacher la misère surtout quand le compost est principalement constitué de la poubelle de la maison.

Son couvercle épargne la quête d'une couverture végétale que le jardinier n'a pas toujours sous la main. Il empêche le jardinier de jeter en vrac un gros tas informe bientôt recouvert d'un pelage vert exubérant qui absorbe l'essentiel de la fertilité du mélange. Résultat, il en achète en sac avec le risque de se faire avoir.

Le composteur en plastique a les défauts de tous les meubles en kit vendus avec d'obscurs schémas : si vous l'assemblez à l'envers, comme ici, c'est fichu, il restera bancal et peu maniable.

INCONVÉNIENTS

Le silo en plastique est atrocement mais obligatoirement moche. Le monter n'est pas une sinécure, le démonter est souvent l'occasion d'une sévère crise de nerfs. Résultat, on le monte à l'envers, promesse d'une nouvelle crise de nerfs pour en extraire le contenu…

En « plastique recyclé », il se démantibule souvent avant que la première fournée de compost soit à point. Résultat : un voyage à la déchetterie, et une voiture cochonnée très difficile à désodoriser.

Il est en général formaté pour un couple sans enfants, prenant ses repas à l'extérieur. Si vous vivez à plein-temps à la maison, si vous avez une grande famille, il débordera rapidement.

Dans l'obscurité propice du silo en plastique, on empile n'importe quoi. Du coup, le mélange s'opère mal, les moucherons pullulent, une odeur atroce vous prend à la gorge dès que vous ouvrez le couvercle.

Remanier un tas de compost mal parti et dans un silo petit format est une vraie galère, car il dispose rarement d'une petite trappe facilitant l'extraction de son contenu par là-bas, et quand elle existe, elle s'avère souvent très compliquée à refermer. Jetez un coup d'œil dans les jardins qui en sont équipés et vous verrez que je n'exagère pas !

Conçus pour 2 personnes, les silos en plastique débordent souvent ! En acheter deux n'est pas toujours une solution, car la vie quotidienne vous amène à y jeter des déchets nécessitant d'être remaniés, geste beaucoup plus facile avec deux cases à compost construites sur mesure.

LES COMPOSTEURS À ÉVITER

Les composteurs en plastique sont fragiles et peu pratiques et souvent trop petits. Les assembler n'est pas évident et si vous vous trompez, comme sur la photo de droite, c'est fichu ! Attention aussi au silo décoratif mais pas utile !

À SAVOIR

→ Silos décos, attention !

Le gros nid en vannerie, le « big bag » coloré sont très tendance... mais très galère à utiliser. Le premier se démantibulera à la première averse un peu sévère, le second résistera mal aux alternances de froid et de soleil et s'effilochera misérablement en craquant de partout, subitement et de manière assez incontrôlable. Dans les deux cas, on retrouve le précieux compost par terre, mélangé qui plus est avec les débris de « big bag » qui eux ne sont pas du tout biodégradables, mais en plastique éternel comme d'habitude.

LE SILO SUR MESURES

C'est le système que j'ai adopté avec satisfaction depuis des années. Vite construit, avec du grillage de 1 m de haut ou avec des palettes, il s'adapte à volonté au volume du compost et à l'emploi du temps du jardinier.

Le silo en enclos

C'est la compostière des zéros en bricolage, car ce petit enclos n'est pas sorcier à fabriquer. Il faut juste choisir du grillage à petites mailles, de préférence plastifié, plus rigide que le grillage à poules en acier galvanisé, déconseillé car vraiment mou. Vous serez peut-être tenté par le chic enclos en ganivelle. Moins durable que le grillage plastifié (environ 5 ans), cette clôture en lattes de châtaignier enserrées dans du gros fil de fer est aussi plus raide à manier que le grillage, et son maillage aéré nécessite souvent un doublage au carton, sinon la poubelle de la cuisine s'échappe par les côtés.

Le silo en palettes

On les dresse en enfilant dans des piquets métalliques à leur extrémité, pieds tournés vers l'extérieur. Pas de blague, c'est un détail important, sinon vous allez franchement galérer pour récupérer votre compost.

- Avantage : la palette se récupère facilement gratis. C'est l'aubaine du jardinier fauché.

- Inconvénients : elle est parfois sévèrement traitée aux pesticides.

Il faut en trouver 3 à peu

4 petites barrières grillagées fixées sur des piquets composent l'enclos idéal.

À SAVOIR

→ Palettes : vérifiez le label !

La manie de traiter le bois contre les champignons et les insectes n'épargne pas celui des palettes. Celles produites en France le sont par passage à haute température (56 °C), un procédé inoffensif pour la santé, repérable aux initiales HT (*Heat Treated*) imprimées sur l'un des pieds. Les Britanniques peuvent y ajouter KD pour *kiln-dried*, indiquant un séchage au four. Ce sont celles qu'il faut choisir, car bien qu'il soit interdit depuis 2010, certains pays traitent leurs palettes au bromure de méthyle, naguère identifiable par les initiales MB. D'autres palettes enfin ne portent aucun tampon.

près identiques avec des planches assez serrées, sinon là aussi il faut prévoir un doublage en carton. Les maniaques font un double doublage carton/petit grillage à poules. C'est beaucoup pour un édifice qui ne dure pas 5 ans. On trouve des piquets métalliques au rayon « clôture » des jardineries.

Le silo en costière

Ce terme ancien désigne une plate-bande accolée à la clôture du jardin et façonnée en pente côté soleil. On y cultive des légumes primeurs et tous les semis et petits plants.

> **À SAVOIR**
> **→ Piquets métalliques économiques**
>
> Vous trouverez du fer à béton dans tous les magasins de matériaux pour un prix imbattable. Pour le compost, choisissez-le de 1,5 ou 2 cm de diamètre. Il est vendu par brins de 6 m, mais si vous le demandez gentiment, on vous le coupera gracieusement en tronçons d'1,50 m, la longueur parfaite pour fixer un enclos à compost.

Les palettes sont pratiques pour fabriquer des cases à compost, car il suffit d'insérer des piquets dans l'espace ménagé pour leurs pieds pour qu'elles tiennent debout sur 3 faces. Pour l'avant, utilisez plutôt des planches retenues par des piquets ou une barrière grillagée.

Y installer le compost entretient sa fertilité qui doit être au top pour qu'elle remplisse son rôle. Dans tous les cas, le silo à compost est construit en deux cases ouvertes sur le devant, puis fermées soit par des planches bloquées entre deux piquets, soit par des portes grillagées attachées à leur piquet par deux anneaux en fil de fer. Les deux formules se valent et permettent d'accéder facilement au silo pour le remplir, vérifier son contenu, puis récolter aisément le compost mûr au ras du sol en primeur.

VOIR VIDÉO
Un silo sur mesure

Fabriquer du compost sans se prendre la tête

Pas sorcier, vraiment ! Si vous n'êtes pas pressé, veillez juste à opérer un mélange sec/humide équilibré et laissez faire la nature ! Si vous êtes pressé, si vous avez un gros stock à recycler, vous pouvez même réussir le « vrai » compost qui chauffe comme dans les livres !

À l'ombre et accessible !

À l'ombre, les déchets se transforment plus vite en compost car pour ce faire, ils ont besoin du concours d'une pléiade d'êtres vivants qui préfèrent le frais et l'humide au chaud et sec. Mais une exposition à mi-ombre, ensoleillée durant la moitié de la journée, convient parfaitement.

Au bord d'une allée large d'1 m, l'endroit choisi doit être facilement accessible avec une brouette chargée, c'est le premier point pour ne plus considérer le compostage classique comme une corvée.

Une solution intéressante pour fertiliser le jardin à long terme : déplacer le tas de compost sur son territoire. Effet fertile garanti !

Placer le compost au bord d'une allée bien large facilite sérieusement la tâche ensuite.

PAS D'OMBRE ? DES SOLUTIONS

Votre jardin est écrasé de soleil ? Ça arrive notamment quand on emménage dans une maison neuve.

La solution est d'ombrager votre coin à compost. Vous pouvez l'encadrer par une palissade :

- classique, en planches
- plus décorative, en grosses perches non écorcées, par exemple en bouleau, que vous trouverez à bas prix dans les petites annonces

Le compost se fait mieux à mi-ombre, mais le principal c'est de le tenir couvert.

Enserrées entre des perches, des bottes d'osier sec et des branches de noisetier tressées entre des piquets forment clôture et ombrage.

du coin car c'est un bois de chauffage médiocre.
Les longues branches des noisetiers et de la haie, tressées entre des piquets, composent aussi, vite fait, bien fait de jolis écrans.
Enfin, pensez aux fleurs géantes et aux grimpantes annuelles : ipomées, mélilot, tournesol, ricin, amarante, thunbergia, volubilis, capucines… atteignent 2 m de haut entre avril et juillet et restent jolies jusqu'aux gelées.

Claies en brins de bambous sec, panneaux en perchettes de bouleau : des ombrages élégants, gratuits et vite faits.

Le bon mélange : doser l'humide et le sec

Pas évident d'équilibrer le mélange sec/humide, juteux/poudreux, quand on ne jardine pas beaucoup et quand on vit en ville.

La poubelle de la cuisine, pleine d'éléments humides, est souvent beaucoup plus importante que celle du jardin, lui-même riche en tontes de gazon, un vrai concentré d'humidité.
Les éléments secs (paille, feuilles mortes, branchages, plantes vivaces caduques) sont plus difficiles à trouver… croit-on, car on peut souvent trouver des ressources en explorant un peu son territoire et les alentours. C'est important, car le sec apporte aussi de l'air dans l'édification d'un tas de compost. Or, la métamorphose des déchets en compost nécessite aussi de l'oxygène. C'est aussi le rôle des éléments secs d'aérer le mélange. Si le gazon est si difficile à composter, c'est qu'il se compacte.

À SAVOIR

➜ Le macérât d'adventices, un booster !

Macérés durant une semaine dans un seau d'eau couvert, les liserons, chiendent, chardons, renoncules, orties et autres herbes très vivaces sont neutralisés, elles ne risquent plus de s'enraciner clandestinement. Le moment est venu d'incorporer ce macérât au mélange. Les racines mobilisent un grand nombre d'éléments fertilisants qui enrichissent le futur compost.

LA SOLUTION

Explorez bien le potager et les massifs. Le potager regorge de sec après les récoltes : tiges de maïs, de haricots à rames, de pois, de fèves, de courges. Les massifs aussi : anémones du Japon, asters, hélianthus, héliopsides et autres tournesols, zinnias, et bien sûr haies et arbustes sont la source d'une profusion de « sec ». Pensez aussi à proposer aux voisins, voire aux cantonniers, de récupérer feuilles mortes et autres tiges séchées lors du nettoyage des massifs, vous leur éviterez une corvée… si vous ne leur donnez pas envie à leur tour de fabriquer du compost !

LA BONNE TECHNIQUE

Commencez par une couche aérée de déchets verts : mottes d'herbe, branchages qui laisseront passer l'oxygène nécessaire pour enclencher le processus de digestion. Ensuite, alterner couches humides (poubelle de la cuisine), et sèches, épaisses de 20 cm. Dans cet ordre, et jusqu'à au moins 80 cm de haut, si possible 1 m. Contrôler l'humidité avec la main : le mélange doit avoir la texture d'une éponge mouillée.
S'il est trop sec, arrosez. En général, on compte 10 l d'eau pour une couche d'1 m^2 de déchets épaisse de 20 cm. Surtout ne le tassez pas, au contraire : pour démarrer, le processus a besoin d'oxygène.

Feuilles mortes, tiges sèches, paille, foin (d'herbe non montée en graine) sont à mélanger avec du vert ou du juteux (poubelle de la cuisine). En été, il faut souvent arroser chaque couche de 20 cm. Le mélange est bien équilibré si, serré dans la main, il la laisse humide.

VOIR VIDÉO
Le bon mélange

Toujours bien couvrir le compost !

Pas de compost sans abri. De préférence végétal pour le coup d'œil et pour la logique écologique !

Si le tas de compost est exposé à la pluie, elle le lessive et il perd tous ses éléments fertilisants. On le couvre aussi pour l'abriter des coups de soleil qui le dessèchent et là encore l'appauvrissent en le privant des êtres vivants qui le métamorphosent et le gardent vivant. Enfin, et ce n'est pas le moindre avantage, caché sous une couche épaisse de 20 cm de paille, de fougère ou de branchages, le compost a un certain charme et perd le côté « tas de déchets » qui déplaît à beaucoup de jardiniers soucieux du décor.

Des couvertures à récupérer sur place : tiges sèches d'anémones, branches de camérisier, d'éléagnus, de laurier-tin et d'autres branchages.

LES BRANCHAGES DE HAIES

La couverture du compost, c'est le recyclage idéal pour les branchages de la haie. Les plus épatants sont ceux du camérisier ou *Lonicera nitida*, qui lâche des milliers de feuilles minuscules à la surface du tas où elles sont digérées à toute allure.

LA BÂCHE

Les esprits pratiques en panne de verdure peuvent préférer la bâche. On la choisira perméable, afin de laisser filtrer un peu de pluie bienfaisante pour entretenir l'humidité du mélange. La toile de paillage verte ou noire est celle qu'il faut choisir. Elle est très moche, mais vendue au mètre pour pas cher dans toutes les jardineries et d'une solidité à toute épreuve. Surtout n'utilisez

Par temps sec, 30 cm de branchages de camérisier (ci-dessus) protègent et enrichissent le compost de leurs feuilles tombées. En climat pluvieux, la bâche imperméable (à droite) est la meilleure couverture.

pas de bâche bleue ou verte à bon marché, elle se déchire et s'effiloche en moins d'un semestre. Un conseil : passez les bords de votre bâche de paillage à la flamme avec un briquet pour éviter qu'ils ne s'effilochent en très déplaisantes fines lanières vertes pas du tout biodégradables.

Une épaisseur de 20 cm de branchages d'éléagnus ou de fougère sont d'excellentes couvertures.

LE CARTON D'EMBALLAGE

Une excellente alternative à la bâche : le carton d'emballage débarrassé de son

Le carton d'emballage, sans ruban adhésif, est une merveilleuse couverture pour le compost.

Une couverture épaisse de 10 cm de fougère sèche protège le compost été comme hiver.

Le compost en cours de maturation peut être couvert de paille et de capucines, et même comme ici planté de quelques courges !

scotch, car le scotch, c'est du plastique ! C'est aussi moche que la bâche de paillage, mais c'est gratuit et en prime, les eisénias, ces vers roses grands artisans du bon compost, en raffolent.

COUVRIR LE COMPOST DE FLEURS

Un semis de capucines protège joliment le compost. Beaucoup de fleurs une fois séchées prodiguent des tiges utiles pour couvrir le mélange et favoriser sa transformation. Les fleurs produisent une profusion de branchages secs parfaits pour abriter un tas de compost vite fait bien fait :

- **Les vivaces géantes** comme l'anémone du Japon, l'aster, l'hélianthus, l'impatiens de l'Himalaya, le topinambour, la lavatère arbustive, le *Rudbeckia laciniata.*
- **Les annuelles exubérantes** comme le cosmos, la gesse, la vesce, le tournesol, le ricin, les grimpantes comme la glycine et la clématite.

Notez qu'en prime, anémone du Japon, asters et hélianthus annuels et vivaces comptent parmi les mets préférés des abeilles à une saison (l'été) où la faim les menace.

VOIR VIDÉO
Bien couvrir le compost

Couvrir le compost

Le processus
du compost

Transformer des déchets en compost nourricier, c'est copier la nature en accéléré.
Par quel phénomène mystérieux s'opère la métamorphose ?
Vous demandez le programme, le voici ! Il n'est pas très tendre, c'est un festin où à chaque étape les nouveaux arrivants se nourrissent de leurs prédécesseurs.
Et quand tout est fini, le beau mélange brun, grumeleux comme un crumble, embaume le sous-bois.

Compost à froid ou compost modèle ?

Empiler tous les déchets au fond du jardin et attendre donne autant de compost qu'un tas brassé, calibré, mais cela prend plus de temps.

COMPOSTER SANS FAIRE CHAUFFER

Le processus du compostage n'exige pas forcément que le mélange chauffe pour s'accomplir. S'il chauffe, le compost mûrit plus vite, entre 3 et 6 mois contre 6 à 8 mois à froid. Quand on pratique le compostage sur place, dit de surface, il y a bien transformation des déchets en humus sans montée de température perceptible. Comme en forêt.

Au nombre des avantages du compostage à froid : une moindre évaporation de l'azote, une meilleure capacité du compost à contrôler les maladies des plantes qui en bénéficient, la possibilité de compléter la pile au fur et à mesure que l'on récupère des matériaux. En revanche, il faut alors faire bien attention à ne pas y jeter des plantes montées en graines ni des racines. Enfin, le compost mûri à froid demande souvent un tamisage avant utilisation pour les rempotages et semis car il reste un peu grossier, alors que celui mûri après un coup de chaud fond dans la main.

Empiler des branchages fraîchement coupés à même le sol sur 20-30 cm d 'épaisseur est une excellente base pour un tas de compost.

POUR LE COMPOST MODÈLE : LE PROGRAMME… PAS INDISPENSABLE !

Si vous tenez à épater la galerie avec un compost « comme dans les livres », voilà le programme… Vous allez comprendre pourquoi sur Internet, on ne le voit jamais !

Dans l'idéal donc, empilons un tas d'1 m^3, de préférence avec des déchets

Le chèvrefeuille est un luxuriant cache-misère. À surveiller, sinon il prend racine !

À l'ombre des arbres, un compost modèle du Comité Jean Pain de Londerzeel (Belgique) : il part d'un mélange équilibré de sec et de juteux, broyé, empilé sur 1 m³ à l'ombre des arbres et protégé sous une bâche.

broyés menu (*cf.* page 19) en mélange équilibré au milligramme, puis le transférer deux fois à 1 mois d'intervalle dans la case voisine. Ainsi, c'est sûr, le mélange atteint 50, voire 65 °C, dans les 7-10 jours ; les graines, les parasites et les bactéries dangereuses, comme les salmonelles présentes dans les fumiers, périssent.
La réalité : il faut un jardin d'au moins 500 m² avec la moitié en potager, un tiers en fleurs et arbustes, le tout entouré d'une haie avec un jardinier supermotivé et assez libre de son temps pour accomplir ce parcours sportif pour atteindre ce graal… pas du tout indispensable si l'on ne composte pas de fumier, car c'est lui qui contient des bactéries dangereuses et d'éventuels parasites… Si vous n'incorporez pas de fumier, pas de danger d'être contaminé par les ascaris, salmonelles et autres *Escherechia coli*… un risque d'ailleurs si minime que personne ne s'en est jamais plaint !

Le compostage sur place, un peu plus lent

Avec le compostage sur place, le processus se déroule d'une manière plus discrète qu'avec celui en tas. Mais on retrouve les mêmes acteurs invisibles et visibles.

Un tapis de feuilles mortes ou de paille protège le compost et entrtient une atmosphère favorable à sa maturation.

LES BACTÉRIES : TOUT UN MONDE !

Ce sont les reines de l'invisible vivant. Car tout ce qui vit sur terre contient des bactéries ! Il y en aurait plus d'un milliard dans une perle de terre grosse comme un petit pois ! Ces organismes unicellulaires se reproduisent à toute vitesse par simple division. Au cœur du compost, elles sont là à tous les stades. Présentes dans les déchets qui le composent, elles se mettent en action dès qu'on les empile, même dans un silo au fond étanche.

LES CHAMPIGNONS, DU VISIBLE À L'INVISIBLE

Ce sont eux qui prêtent cette senteur forestière exquise au compost ! Dans le sous-bois, vous pouvez les repérer sous leurs deux formes visibles : le

À l'automne, répandre 20 cm de litière sèche protège le sol des pluies battantes, et le printemps venu, il est tapissé d'humus.

mycélium caché sous les feuilles en décomposition, et bien sûr ces champignons fabuleux surgissant à la première averse. Ils se reproduisent par des spores, eux aussi invisibles car plus fins que la poussière. Certains, comme l'armillaire couleur de miel (redoutée des jardiniers, car elle s'attaque aux racines des arbres vivants), peuvent étendre leur réseau de mycélium sur des kilomètres sous terre, ne révélant leur présence qu'en automne lorsque de gros bouquets de chapeaux blonds se pressent à la base des troncs.

À SAVOIR

➜ Terreau de feuilles maison en mode automatique

Remplissez un grand sac en plastique solide (pour une fois !) de feuilles mortes trempées choisies parmi les plus tendres : tilleul, noisetier, érable, cerisier, glycine, frêne… en novembre. Fermez-le et rangez-le à l'ombre. Ouvrez le sac en mars-avril : votre terreau est prêt. Pile pour la saison des rempotages des plantes fatiguées par un hiver passé à la maison.

Les 3 étapes du compostage à chaud

Avec le compostage sur place ou en petit silo, la montée en température est moindre et la transformation s'effectue souvent plus longuement : 5-6 mois contre 3-4 mois en silo d'1 m^3.

ÉTAPE 1

Pendant 1 semaine ou 2, il ne se passe rien. Puis les bactéries attaquent les cellules végétales, consommant leurs sucres rapides et leur amidon, la température grimpe brusquement jusqu'à 50-60 °C, voire davantage s'il y a beaucoup de fumier et de bactéries thermophiles. Ce coup de feu stérilise le mélange.

ÉTAPE 2

La température reste élevée durant environ 1 semaine, puis redescend lentement sur 7 à 10 semaines, jusqu'à 20-25 °C. C'est à ce stade que les jardiniers pressés transfèrent le mélange dans la case voisine, afin de relancer une deuxième phase chaude, plus modérée toutefois.

L'attaque des bactéries fait grimper la température à plus de 50 °C.

À l'étape 2, le thermomètre redescend jusqu'à 20 °C environ.

ÉTAPE 3

Les jardiniers ordinaires laissent le compost mûrir tranquillement encore 1 mois jusqu'à ce qu'il atteigne le stade crumble… ou l'oublient. Moyennant quoi il se transforme en terreau, moins riche que le compost, d'une texture légère parfaite pour les rempotages et les semis.
Si le tas reste couvert, le terreau peut se conserver 6 mois. Ensuite, il devient de l'humus, poreux, fondant et propice à toutes les cultures.

Vérifier tous les 15 jours le processus de maturation du mélange est une leçon de sciences de la vie. Observez les vers et autres larves qui l'arpentent, plongez-y la main, sentez-le… D'abord tiède, le compost devient de plus en plus grumeleux, sombre et agréablement odorant. Une fois mûr, il embaume la forêt.

Les artisans invisibles du compost

Ils passent à l'attaque dès qu'il y a un tas de végétaux. C'est un monde très mystérieux et qui ouvre les yeux sur le grand mystère de la vie !

LES BACTÉRIES

Ce sont elles qui ouvrent le bal. Grâce à l'oxygène, elles déclenchent le processus de digestion en attaquant la cellulose et les composés solubles des matières organiques. C'est pourquoi il est important de monter un tas aéré. En combinant carbone et oxygène, les bactéries activent le chauffage. Dans cette phase, le compost dégage du CO_2 et du méthane, mais ce chauffage intense détruit aussi les salmonelles et autres bactéries infectieuses présentes dans les fumiers. Toutes les bactéries ont besoin d'eau, d'où la nécessité de composer un mélange bien humide. Mais celles qui interviendront en phase 3, dites anaérobies, qui interviennent dans la seconde partie du processus, se passent d'oxygène.
Si elles trop nombreuses, le mélange sent mauvais, signe qu'il manque d'air. La bonne odeur forestière est un indice sûr que ces deux familles de bactéries ont pu accomplir leur mission. Mais dans le grand festin qui est la vie même, elles sont à leur tour dévorées par les protozoaires, des monocellulaires, le minimum animal !

L'action combinée du carbone et de l'oxygène fait monter la température.

LES CHAMPIGNONS

Ils interviennent dans la phase 2, quand le tas refroidit, pour s'attaquer aux ligneux. On les repère aux filaments de mycélium blanc qu'ils laissent sur le bois ou le gazon en phase digestive. Ils produisent des antibiotiques (la pénicilline est un champignon), qui détruisent certaines bactéries, comme les salmonelles et les *Escherichia colii*.

LES COLLEMBOLES

Ces proto-insectes sont présents dans la phase tiède à froide (30 °C à 10 °C), ils se nourrissent de bactéries, de protozoaires, de débris végétaux, de spores de champignons.

LES PROTOZOAIRES

Ces êtres unicellulaires se nourrissent de bactéries, de spores de champignons, de levures. Ils ont eux aussi besoin d'oxygène et d'eau.

LES NÉMATODES

Ils sont présents quelle que soit la température en milieu humide, digèrent et dispersent bactéries et spores.

LES ACARIENS

Prédateurs des nématodes, ils consomment aussi des végétaux et supportent la sécheresse.

L'activité des champignons se repère le plus souvent grâce aux filaments de mycélium blancs qu'ils forment à la surface du compost.

Sauf à l'automne où elle apparaît, l'armillaire agit de manière invisible.

Les artisans visibles du compost

Ils apparaissent en phases tiède à froide et détestent la lumière. Ils sont la face « gore » du compostage. Les enfants sont fascinés, la plupart des adultes écœurés !

LA CÉTOINE ET LE HANNETON

Ces deux vers, blancs et dodus, contribuent en premier chef à réduire en miettes le bois et tout ce qui est ligneux : pieds de choux, dahlias…

À SAVOIR

➔ Distinguer la cétoine du hanneton

La cétoine aux pattes minuscules se déplace par reptation, tandis que le hanneton se plie et se déplie cramponné sur ses pattes brunes. Son dos est de plus rayé de noir et ses flancs ponctués en ligne. La cétoine préfère le bois sec (palettes comprises !), le hanneton le ligneux frais.

La larve de cétoine dorée décompose ce qui est ligneux.

La larve de hanneton se nourrit de racines.

L'EISÉNIA

Ce svelte ver rose pressé est un acteur majeur dans la digestion des végétaux. Les eisénias apparaissent à tous les stades frais du compostage : avant que le tas ne se mette à chauffer, en particulier s'il est abrité sous un carton trempé (ils adorent le carton d'emballage, se nichent dans ses tubulures pour les grignoter avec délice). On les retrouvera à partir de la phase 2 du processus, lorsque le tas retrouve une température ambiante de 20 °C et jusqu'à ce qu'il ne reste plus rien à transformer. Les jardiniers qui ont principalement de la poubelle de cuisine à composter apprendront avec plaisir que les eisénias raffolent de son contenu, papiers compris. Ils adorent le marc de café, les feuilles de thé et les serviettes qui accompagnent les petits goûters distingués. Au point

Eisenia foetida, *le ver rose des sous-bois et lombrics (plus gros, plus longs).*

que le vermicompostage compte parmi les activités favorites des instituteurs soucieux de transmettre le goût de l'écologie à leurs élèves !

LES LIMAÇONS MENUS ET GLUANTS

Ils partagent l'hôtel-restaurant des eisénias, avant et après la phase 1. On les surprend en train de faire l'amour entre juillet et septembre, comme les escargots, collés contre les parois et sous le carton humide. Eux aussi, vissés l'un à l'autre en début puis en fin d'été, dispersant de gros paquets d'œufs blancs gros comme des perles dans le compost mûr.

CLOPORTES, VERS ET CIE

Dans le compost mûrissant, on trouve encore des cloportes filant à toute allure, des vers luisants paisibles circulant toute lumière éteinte (seule la nuit révèle leur ventre fluorescent), des scarabées, des orvets contre la paroi ensoleillée, des œufs de lézard, et juste sous la couverture, calé au frais, le crapaud immobile.

Limaçons gris hacheurs de végétaux.

Œufs de lézard gris. Les adultes se nourrissent de myriapodes et autres cloportes également présents dans le compost.

Œufs d'escargot

Mme Minotaure typhée, un amatrice de crottes.

Turillons de lombrics, très riches en fertilisants.

Au menu du crapaud commun : limaçons, araignées, larves, insectes.

Rattraper un compost mal parti

Ça ne chauffe pas, c'est trop mouillé et ça ne sent pas bon ? C'est trop sec et ça n'évolue pas… Pas de panique, ça va s'arranger. Sans gros matériel ni courbatures. Petit tour des problèmes et de leurs solutions.

Une fois transféré dans une case vide et réhydraté, ce compost en panne reprendra sa maturation.

TROP SEC

Le soleil a brillé tout l'été et vous aviez oublié de couvrir le mélange. Il arrive aussi que la couverture de branchettes ayant perdu toutes ses feuilles, le mélange dessous se retrouve mal protégé par temps sec. Résultat, il ne se passe rien !

LA SOLUTION : transférez-le dans la case voisine en l'utilisant pour recouvrir la poubelle de la cuisine. Si vous en avez en trop, vous pouvez le mélanger aux tontes de gazon fraîches. Attention, pas trop : moitié-moitié. Si malgré tout le mélange paraît toujours super-sec, arrosez-le. Et surtout, pensez à le bâcher.

TROP MOUILLÉ

Il a plu tout l'été, le mélange était couvert de végétaux, et le voilà trempé. Il est tout compact et sent l'égout.

Qu'il se dessèche ou se transforme en gros tas mouillé-gluant-puant d'où émanent des nuées de moucherons (un phénomène fréquent dans les silos en plastique), le mélange doit être remanié. L'idéal, c'est alors la fourche à dents fines et serrées qui permet de transférer le mélange mal parti dans une case vide en l'aérant. On recouvre avec une bâche imperméable, et c'est reparti !

LA SOLUTION : transférez-le dans la case voisine en le remélangeant avec des éléments secs. Le couvrir avec une bâche de paillage.

TROP COMPACT

Cela arrive souvent dans les jardins au sol argileux quand on composte beaucoup de mottes d'herbe.

LA SOLUTION : comme pour le tas trop mouillé. À l'avenir, optez pour le compostage de surface, direct en petite épaisseur, votre sol s'allégera... et les mottes d'herbe disparaîtront naturellement, remplacées par un sol grumeleux et prêt pour les semis et plantations.

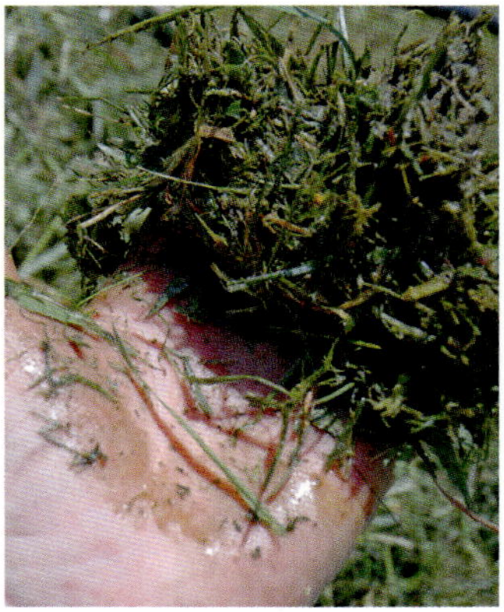

Gazon : trop humide, il va pourrir.

Mélange trop sec peinant à décomposer les matériaux ligneux, à remanier en le mélangeant à des matériaux humides.

Attention, en 3 mois, la couverture végétale du compost… se composte. Pensez à la compléter pour qu'il reste bien abrité.

FONDU

Vous aviez empilé un beau tas d'1 m de haut, et en l'espace d'un mois, il a réduit d'un tiers.

LA SOLUTION : mémoriser le processus « compost » : quand il sera mûr, il aura réduit aux 2/3 de son volume initial. C'est normal et consécutif à la digestion de tous ces êtres vivants visibles et invisibles du gros tas de déchets !

HIRSUTE ET VERT

La couverture est trop mince, les mottes d'herbe profitent de la lumière pour tenter une percée.

LA SOLUTION : recouvrez avec une bâche de paillage bien ample et bordée sur les côtés.

PLEIN DE RACINES

Les racines de chiendent, d'ortie, d'oseille, de compagnon blanc, de lierre, de liseron, de bouton d'or, de lierre terrestre (gléchoma), des chardons sont capables de survivre sous 1 m de déchets, dans l'obscurité la plus totale et même de résister au choc du coup de feu d'un compost édifié dans les règles les plus… littéraires.

LA SOLUTION : gardez toujours sous la main un seau d'eau avec couvercle pour y jeter toutes ces racines quand vous les rencontrez. Une fois macérées, elles auront non seulement perdu tout entrain, mais vous offriront un extrait dopant pour le tas de compost. Sans compter le petit côté « vengeance » que procure cet arrosage… il faut l'avouer, assez malodorant !

Laissées à macérer dans un grand seau d'eau, les racines d'herbes vivaces se transformeront en « dopant » pour le compost.

PLEIN DE MOUCHERONS

Vous avez un composteur en plastique et vous n'avez pas recouvert la dernière poubelle de cuisine ou la demi-brouette de pommes pourries. C'est normal !

LA SOLUTION : rappelez-vous : on recouvre toujours l'humide avec du sec : des branchages, la litière des poules, des fougères, de la paille ou du foin (sans graines, sinon vous allez le regretter !).

PLEIN DE GROS VERS BLANCS

C'est normal, ils travaillent ! Cependant, la proportion de larves de hannetons vous inquiète ?

LA SOLUTION : jetez-les aux poules, elles en raffolent.

Ces gros vers participent au processus de compostage.

Les silos en plastique sont mal aérés, trop étroits, trop prompts à chauffer donc fréquemment envahis de moucherons et compliquent la tâche du composteur. La solution : remanier le mélange, trop humide la plupart du temps, en un tas de même taille, le mettre sous une bâche étanche… et remplacer le silo par un enclos sur mesures.

Le compost est mûr

Youpi ! Il est réussi, tout sombre, grumeleux à souhait, il sent bon, il fond dans la main. À vous les fleurs à gogo, le potager rempli à bloc, les arbres pliés sous les fruits !

Le compost doit être mesuré : 3 kg/m² pour les choux et les poireaux, mais rien du tout pour les haricots, les laitues, les oignons à conserver.

À MANGER POUR LES GOURMANDS DU POTAGER

Avant de planter des choux, des tomates, aubergines, poireaux, poivrons et pommes de terre ; avant de semer des épinards et des betteraves rouges, préparez la brouette à compost. Comptez deux grosses poignées par plant, ou bien, 1 kg au mètre linéaire de semis.

LE KIT DE DÉMARRAGE DES ARBRES ET DES ARBUSTES

Dans le trou de plantation bien large, jetez 2 pelletées de compost bien mûr. Mélangez-en une dans la terre de remblai. Arrosez copieusement pour bien délayer, et c'est parti. Chaque printemps durant 4 ans, répandez un quart de brouette au pied des nouveaux venus, puis paillez. Pour récolter des fruits chaque année, maintenez ce régime au pied de tous les fruitiers.

APRÈS LE COMPOST, LA TERRE FERTILE

Voilà, c'est fini. Vous avez tout utilisé, l'ancien silo est réduit à zéro. Vous avez gagné une plate-bande super-fertile. Et ce, pour des années. Vous pouvez y cultiver :

VOIR VIDÉO
Utiliser le compost

Juste empilés en butte de 50 cm, les déchets compostés se transforment en sol super fertile.

▸ **Une pépinière maison.** Voici un endroit idéal pour acclimater des acquisitions chétives. Installez-les à leur aise, à au moins 20 cm d'intervalle pour les vivaces, 50 cm pour les arbustes, douchez-les puis paillez-les copieusement. En l'espace de quelques mois vous les verrez doubler, voire tripler de volume !

▸ **L'ancien emplacement du compost est aussi parfait pour réussir tous vos semis délicats** : fleurs vivaces, graminées, clématites et autres grimpantes, fleurs annuelles à repiquer (œillets et roses d'Inde, zinnias, pensées, giroflées…), légumes exigeants (choux, poireaux, oignons, laitues d'hiver), bref tout ce qui doit germer et grandir d'un trait. L'emplacement d'un ancien compost est fertilisé pour au moins 20 ans. Même si vous ne faites plus rien !

À SAVOIR

→ Mon citronnier croulera sous les fruits

Si vous venez d'acheter un citronnier, si le Père Noël vous en apporte un, si le vôtre s'ennuie dans son pot, rempotez-le : détricotez un brin la motte de racines, garnissez le fond du pot de 10 cm de compost bien mûr, replacez le citronnier et comblez avec le même compost. Arrosez le tout à fond, et c'est reparti pour 1 an. La meilleure période pour cette opération régénérante : avril à juin. Mais le citronnier étant fort gourmand, il est conseillé de le rempoter même en plein hiver plutôt que le laisser mourir de faim dans le pauvre terreau dans lequel on vous le vend.

VOIR VIDÉO
L'ancien emplacement du compost

Index